U0099808

嘩，今晚的月亮
很大很圓啊！
今天是中秋節，
就讓我來講一個
關於中秋節傳說
的故事吧。

嫦娥奔月

傳說，嫦娥的丈夫后羿求得長生不老藥後，交給妻子保管。一天，嫦娥不小心吞下仙藥，升到天上的月亮去了。那天正好是農曆八月十五。

后羿非常掛念妻子，只好在月下擺放嫦娥喜歡吃的圓餅和水果，對着月亮祈禱。從此，這就成了中秋節的習俗。

月亮變變變

中秋節的晚上，人們會到公園賞月去，大家一邊吃月餅，一邊賞月。

各式各樣的燈籠

中秋節的晚上，小朋友最喜歡玩燈籠了。看看下面的燈籠，你比較喜歡哪一種呢？為什麼？請你說說看。

- 用紙和竹子製作
- 點燃蠟燭發光

膠燈籠

- 用塑膠製作
- 用電池供電發光
- 一般會發聲

不同口味的月餅

吃月餅是中秋節的傳統習俗之一。月餅有各種不同的口味，一起來認識一下吧！

傳統月餅

- 用麪粉烤焗製成
- 餡料有蛋黃、白蓮蓉、黃蓮蓉、奶黃、五仁等

冰皮月餅

- 用糯米粉和麪粉製成
- 餡料多是豆蓉，還有水果蓉、乳酪、雪糕或朱古力等
- 需要冷藏

中秋水果多

中秋節時水果特別多，多吃水果身體好。小朋友，你認識下面這些水果嗎？請把代表答案的英文字母填在 ☐ 內。

A. 楊桃　B. 柚子　C. 火龍果　D. 葡萄　E. 梨子　F. 柿子

1.

☐

2.
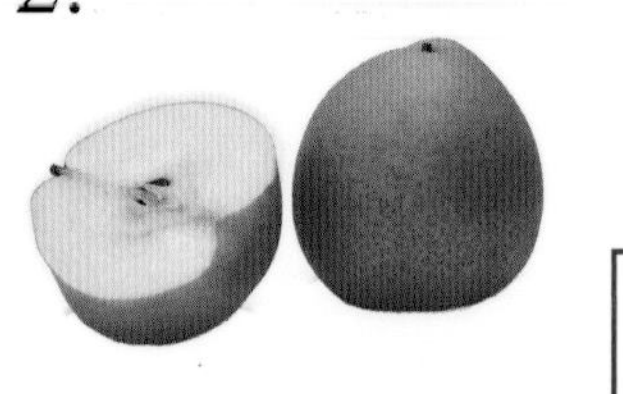
☐

3.
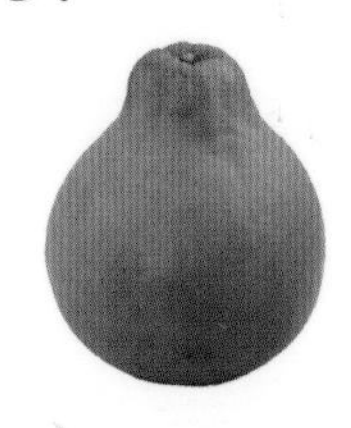
☐

4.
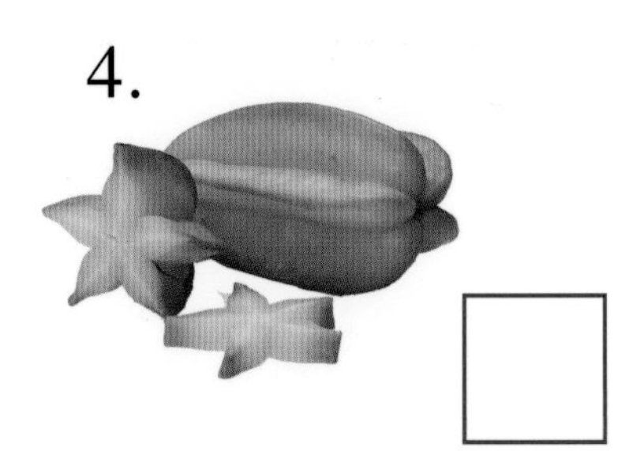
☐

5.

☐

6.

☐

答案：1.C　2.E　3.B　4.A　5.D　6.F

注意安全、愛護環境

小朋友，我們到公園賞月、玩燈籠時要注意什麼事項呢？請看看下面的圖畫，說說看。

玩燈籠時，要注意安全，千萬不要玩火，免生危險。

離開公園的時候，要把垃圾帶走，保護環境。用完的月餅罐可放進回收箱裏。

中秋綵燈會

攝影：黃偉剛

每年中秋期間，在香港各地如尖沙咀、沙田、銅鑼灣維多利亞公園都會舉辦大型綵燈會，人們吃過團圓飯後會出外賞花燈。

舞火龍

攝影：黃偉剛

每年農曆八月十四至十六日，香港銅鑼灣大坑都會舉辦舞火龍活動。你知道這個傳統活動的由來嗎？

舞火龍的由來

相傳很久以前的一個中秋節，大坑村出現了嚴重的疫症，村民便用乾草紮成火龍，並在外面插滿點燃了的香火，由多個強壯的村民舞動起來祈福，村民很快便康復了。從此以後，中秋舞火龍便成了大坑居民的習俗。

親子 DIY

美味果凍

中秋節時水果特別多，小朋友，請跟爸爸媽媽一起動手，用時令水果來做甜品。

你需要：（2人份）

- 啫喱粉 1 盒 80 克 (可自行選用喜歡的口味)
- 湯碗 1 個
- 熱水 200 毫升
- 新鮮果肉 20 克
- 小杯子

做法：

1. 把啫喱粉倒入湯碗中，加入熱水拌勻至完全溶解。
2. 加入果肉後，把溶液倒入小杯子。
3. 放涼後，再冷藏 2 小時以上直至凝固即成。

柚子燈籠

小朋友，你想擁有自己設計的燈籠嗎？快來請爸爸媽媽幫忙，一起製作柚子燈籠吧！

你需要：

- 柚子 1 個
- 牙簽 4 枝
- 水果刀
- 繩子
- 小竹枝
- 小蠟燭
- 附金屬托的小蠟燭

做法：

1. 請大人用水果刀把柚子頂部切去。
2. 由頂部向下切兩刀，呈十字型(不要切到最底部，保留完整的柚子皮)，掏出果肉。
3. 請大人在柚皮上切出自己喜歡的圖案，然後用牙簽固定柚皮的位置。
4. 在柚皮底部放上附金屬托的小蠟燭。
5. 用繩子把整個柚子皮穿起來，再綁上小竹枝，馬上成為柚子燈籠了！

幼兒節日叢書 • 中國傳統節日

中秋節

策　　劃：王燕參
責任編輯：胡頌茵
繪　　圖：美心
攝　　影：張玉聖
美術設計：張玉聖
出　　版：新雅文化事業有限公司
　　　　　香港英皇道499號北角工業大廈18樓
　　　　　電話：(852) 2138 7998
　　　　　傳真：(852) 2597 4003
　　　　　網址：http://www.sunya.com.hk
　　　　　電郵：marketing@sunya.com.hk
發　　行：香港聯合書刊物流有限公司
　　　　　香港新界大埔汀麗路36號中華商務印刷大廈3字樓
　　　　　電話：(852) 2150 2100
　　　　　傳真：(852) 2407 3062
　　　　　電郵：info@suplogistics.com.hk
印　　刷：中華商務彩色印刷有限公司
　　　　　香港新界大埔汀麗路36號
版　　次：二〇一五年一月初版
　　　　　二〇一九年五月第三次印刷

ISBN: 978-962-08-6233-5

18/F, North Point Industrial Building, 499 King's Road, Hong Kong
Published and printed in Hong Kong.

《幼兒節日叢書．中國傳統節日》是一套專為3～6歲幼兒編寫的節日圖書，以幼兒易於理解的文字，配以精美插圖及實物照片，介紹節日的由來、節日的習俗、節日的慶祝活動、節日的應節食品等等，讓幼兒認識中國傳統節日習俗和基本知識。

本書採用亮面紙質製作，可用一般白板筆書寫，適合重複擦寫。

新雅網頁

HK$25.00
新雅文化事業有限公司
Sun Ya Publications(HK) Ltd.
www.sunya.com.hk
Like 新雅 Sun Ya

上架建議：幼兒圖書．幼兒百科

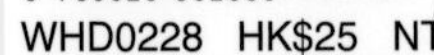

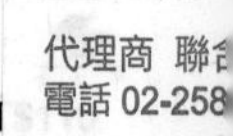